BEI GRIN MACHT SICH IHR
WISSEN BEZAHLT

- Wir veröffentlichen Ihre Hausarbeit,
  Bachelor- und Masterarbeit

- Ihr eigenes eBook und Buch -
  weltweit in allen wichtigen Shops

- Verdienen Sie an jedem Verkauf

Jetzt bei www.GRIN.com hochladen
und kostenlos publizieren

Bibliografische Information der Deutschen Nationalbibliothek:

Die Deutsche Bibliothek verzeichnet diese Publikation in der Deutschen National-bibliografie; detaillierte bibliografische Daten sind im Internet über http://dnb.d-nb.de/ abrufbar.

Impressum:

Copyright © 2018 GRIN Verlag
Druck und Bindung: Books on Demand GmbH, Norderstedt Germany
ISBN: 9783668895591

Dieses Buch bei GRIN:

https://www.grin.com/document/457802

Julian Müller

Datenschutzrechtliche Implikationen nachrichtendienst- licher Tätigkeiten

GRIN Verlag

GRIN - Your knowledge has value

Der GRIN Verlag publiziert seit 1998 wissenschaftliche Arbeiten von Studenten, Hochschullehrern und anderen Akademikern als eBook und gedrucktes Buch. Die Verlagswebsite www.grin.com ist die ideale Plattform zur Veröffentlichung von Hausarbeiten, Abschlussarbeiten, wissenschaftlichen Aufsätzen, Dissertationen und Fachbüchern.

Besuchen Sie uns im Internet:

http://www.grin.com/

http://www.facebook.com/grincom

http://www.twitter.com/grin_com

Universität Kassel

Fachbereich Wirtschaftswissenschaften

Datenschutzrechtliche Implikationen

nachrichtendienstlicher Tätigkeiten:

Der Datenaustausch mit Drittstaaten

Studiengang: Wirtschaftsrecht (M)

Seminar: Europäisches Datenschutzrecht

Semester: 02

Abgabedatum: 06.02.2018

Abkürzungsverzeichnis

BfV	Bundesamt für Verfassungsschutz
BND	Bundesnachrichtendienst
BNDG	Gesetz über den Bundesnachrichtendienst
BVerfSchG	Gesetz über die Zusammenarbeit des Bundes und der Länder in Angelegenheiten des Verfassungsschutzes und über das Bundesamt für Verfassungsschutz
CIA	Central Intelligence Agency
EWR	Europäischer Wirtschaftsraum
G10-Gesetz	Gesetz zur Beschränkung des Brief-, Post- und Fernmeldegeheimnisses
GSM	Global System for Mobile Communications
IS	Islamischer Staat
LfV	Landesamt für Verfassungsschutz
MAD	Bundesamt für den militärischen Abschirmdienst
MADG	Gesetz über den militärischen Abschirmdienst
NATO	North Atlantic Treaty Organization
NSA	National Security Agency
PKGr	Parlamentarisches Kontrollgremium
SÜG	Gesetz über die Voraussetzungen und das Verfahren von Sicherheitsüberprüfungen des Bundes und den Schutz von Verschlusssachen
VS	Verschlusssache

Inhaltsverzeichnis

1. Einführung   **1**

    1.1 Notwendigkeit für internationale nachrichtendienstliche Kooperationen   1

    1.2 Das nachrichtendienstliche System   2

2. Rechtsgrundlagen für die internationale Datenübermittlung deutscher Nachrichtendienste   **4**

    2.1 Bundesnachrichtendienst   4

    2.2 Verfassungsschutzverbund   7

    2.3 Bundesamt für den militärischen Abschirmdienst   9

    2.4 Lex specialis: Artikel 10-Gesetz und Sicherheitsüberprüfungsgesetz   10

        2.4.1 Artikel 10-Gesetz   10

        2.4.2 Sicherheitsüberprüfungsgesetz   12

3. Ergebnis   **13**

Literaturverzeichnis   **14**

1. Einführung

1.1 Notwendigkeit für internationale nachrichtendienstliche Kooperationen

Der 11. September 2001 – ein historisches Datum, das eine der größten Krisen nach dem Ende des kalten Krieges hervorgerufen hat. Als Folge des islamistischen Terroraktes in New York City rüsteten die Sicherheitsbehörden auf, insbesondere in den Vereinigten Staaten von Amerika, gleichwohl aber auch in faktisch allen abendländisch geprägten Ländern. Auch der Austausch von personenbezogenen Daten nahm weltweit zu. Heute, im Jahr 2018 hat sich die Lage abermals verschärft. Mit dem Aufkommen des sogenannten islamischen Staates (IS) hat sich die sicherheitspolitische Lage in der gesamten Welt radikal geändert. Anders als Al-Qaida animiert und rekrutiert der IS insbesondere auch im Bereich der virtuellen Welt. Durch Instant-Messenger-Dienste wie WhatsApp, Viber, Skype und Telegram oder aber mithilfe von klassischen sozialen Netzwerke wie Facebook und Twitter verbinden sich weltweit Salafisten, Jihadisten und radikale Islamisten. Längst hat der IS das sogenannte „Cyber-Kalifat" ausgerufen. Im Konkreten bedeutet dies, dass kein physisches Treffen mehr zwischen Anwerbern und potenziellen Interessenten stattfinden muss. In der Vergangenheit haben deutsche Sicherheitsbehörden, hierbei insbesondere das Bundesamt für Verfassungsschutz (BfV) festgestellt, dass Kontakte zu Islamisten sowie die Radikalisierungsverläufe im Allgemeinen hauptsächlich online stattfinden.[1] Inzwischen können sich Sympathisanten und Aktivisten der islamistischen Szene immer weiter als Teil einer Gesamtbewegung begreifen, die offensichtlich annähernd weltumfassend agiert. Diese Aktivitäten werden seit geraumer Zeit auch als der „globale Jihad" bezeichnet.[2] Die Weltdeutung der Islamisten fußt hier insbesondere auf ihre Eigenwahrnehmung als Opfer und um eine vermeintliche universale Gerechtigkeit wiederherzustellen, sollen weltweit Kämpfer über das Internet rekrutiert werden.

Aus dieser Erkenntnis folgt, dass die Bekämpfung dieses Problems nicht an nationalen Grenzen Halt machen kann. Vielmehr ist ein ganzheitlicher Ansatz zu verfolgen. Nationale Sicherheitsbehörden können nur in begrenzten Umfang Nachrichten über islamistische und jihadistische Strömungen beschaffen und auswerten. Von essenzieller Relevanz ist daher ein organisierter, planbarer

---

[1] Vgl. Bundesamt für Verfassungsschutz: Die Nutzung des Internets durch Personen des salafistisch-„jihadistischen" Spektrums

[2] Vgl. Bundesamt für Verfassungsschutz: Die Nutzung des Internets durch Personen des salafistisch-„jihadistischen" Spektrums

Datenaustausch zwischen den einzelnen Nachrichtendiensten auf nationaler, aber insbesondere auch auf internationaler Ebene.

Unstrittig scheint der Islamismus respektive der islamistische Terrorismus einer der gravierendsten Gefährdungen für die „westliche Welt" darzustellen, allerdings sind auch andere Phänomenbereiche von internationaler Bedeutung. Zuletzt im Rahmen des G20-Gipfels in Hamburg im Juli 2017 wurde ersichtlich, dass auch die linksextremistische Szene hervorragend international vernetzt ist. Zu den Ausschreitungen reisten mehrere Hundert linksradikale beziehungsweise linksextremistisch motivierte Personen unter anderem aus der Schweiz, Russland, Spanien, den Niederlanden, Frankreich und Italien an.[3] Auch im Bereich des Rechtsextremismus wird vermehrt grenzübergreifend konspirativ kooperiert. So finden regelmäßig Konzerte, Festivals und vergleichbare Veranstaltungen mit deutschsprachigen Akteuren zum Beispiel in der Schweiz und in Frankreich[4] statt[5].

Auch „klassische" nachrichtendienstliche Tätigkeitsbereiche wie Proliferations-, Drogen- und Waffenhandelsbekämpfung, Spionageabwehr und die Bekämpfung der organisierten Kriminalität machen in aller Regel keinen Halt vor Landesgrenzen.

Problematisch hierbei ist indes, dass die Kompetenzen, Befugnisse und die rechtlichen Regularien im Bereich der Nachrichtendienst weltweit äußerst unterschiedlich ausfallen, worauf im nachfolgenden Kapitel eingegangen werden soll.

1.2 Das nachrichtendienstliche System

Praktisch jedes Land weltweit verfügt über einen oder mehrere Nachrichtendienste (im Volksmund auch Geheimdienste genannt). Im vorangegangen Kapitel wurde kurz die Notwendigkeit der internationalen Kooperation zwischen ihnen skizziert. Nun stellt sich indes die Frage, wie datenschutzrechtlich mit diesen Sachverhalten umzugehen ist. Die

---

[3] https://www.nzz.ch/schweiz/g-20-gipfel-in-hamburg-schweizer-randalieren-in-der-hoelle-ld.1305184
[4] So fand beispielsweise am 18. März 2017 ein Konzert in Frankreich unter dem Titel „Defend Europe" mit deutscher Beteiligung statt. Dieses wurde von französischen und deutschen sogenannten „Hammerskins" konspirativ organisiert und relativ professionell durchgeführt. Das Publikum bestand aus Personen aus unterschiedlichen europäischen Ländern und der Schweiz.
[5] https://www.verfassungsschutz.de/de/aktuelles/schlaglicht/schlaglicht-2017-04-deutsche-rechtsextremisten-organisieren-musikveranstaltungen

Nachrichtendienste in Deutschland[6] haben einen reinen Beschaffungs- und Auswertungsauftrag ohne Exekutivbefugnisse. Dies bedeutet, dass Mitarbeiter der deutschen Nachrichtendienste nicht die gleichen Befugnisse wie Polizei- oder Zollbeamte haben (zum Beispiel die Befugnis zur Durchsuchung, Beschlagnahmung und Festnahme von Personen und Asservaten). Dieser Umstand hat historische Gründe, um eine politische Polizei, wie die Gestapo im dritten Reich, zu verhindern. Dieses nachrichtendienstliche System weicht teilweise deutlich von anderen Staaten ab. Regelmäßig stehen den jeweiligen nationalen Nachrichtendiensten Exekutivbefugnisse zu. Teils gibt es auch paramilitärische Einheiten, so etwa bei der amerikanischen Central Intelligence Agency (CIA, Auslandsnachrichtendienst,)[7] und dem israelischen Mossad (Auslandsnachrichtendienst)[8]. In diesen hochsensiblen Bereichen werden, wie etwa in der Abteilung *Kidon* des Mossad, auch Attentate[9] durchgeführt.[10] Hochbrisant sind ferner mit Drohnen durchgeführte gezielte Tötungen, bei denen das völkerrechtliche Prinzip der Verhältnismäßigkeit häufig fraglich ist. Auch grundsätzliche Rechtsprinzipien im Bereich der Menschenrechte werden regelmäßig nicht nur tangiert, vielmehr überschreiten nachrichtendienstliche Aktivitäten mitunter die Grenze geltenden Rechts.[11] Dies ist mit der deutschen Rechtsauffassung nicht zu vereinen.

Daher wird die Frage aufgeworfen, inwiefern die Datenübermittlung, insbesondere von personenbezogenen Daten, mit Drittstaaten zu regulieren ist.

---

[6] Die drei Nachrichtendienste des Bundes sind das Bundesamt für Verfassungsschutz (BfV), der Bundesnachrichtendienst (BND) sowie das Bundesamt für den militärischen Abschirmdienst (MAD). Ferner existieren 16 Landesbehörden für Verfassungsschutz (LfV).
[7] Vgl. Weiner, Tim: CIA. Die ganze Geschichte.
[8] Vgl. Ostrovsky, Victor: *By Way of Deception-The making and unmaking of a Mossad Officer.*
[9] So etwa auf den Hamas-Funktionär Mahmud al-Mabhuh im Januar 2010.
[10] Vgl. Thomas, Gordon; Maxwell Robert: Israel's Superspy. The Life and Murder of a Media Mogul.
[11] Marsiske, Hans-Arthur; Cole, Chris et al.: Töten per Fernbedienung: Kampfdrohnen im weltweiten Schattenkrieg.

2. Rechtsgrundlagen für die Datenübermittlung deutscher Nachrichtendienste

Im ersten Kapitel wurde auf die Notwendigkeit und die (rechtliche) Problematik der Datenübermittlung personenbezogener Daten im Bereich der Nachrichtendienste abgezielt. Im Folgenden sollen die wesentlichen juristischen Grundlagen des Datenschutzes im Bereich der Nachrichtendienste erörtert werden. Die Rechtsgrundlagen über den Datenschutz im Bereich der Nachrichtendienste und der Datenübertragung in Drittstaaten finden sich insbesondere im Gesetz über den Bundesnachrichtendienst (BNDG), Gesetz über die Zusammenarbeit des Bundes und der Länder in Angelegenheiten des Verfassungsschutzes und über das Bundesamt für Verfassungsschutz (BVerfG), Gesetz über den Militärischen Abschirmdienst (MADG), Gesetz zur Beschränkung des Brief-, Post- und Fernmeldegeheimnisses („G10 – Gesetz") sowie im Gesetz über die Voraussetzungen und das Verfahren von Sicherheitsüberprüfungen des Bundes und den Schutz von Verschlusssachen (SÜG).

2.1 Bundesnachrichtendienst

Besonders relevant ist die Datenübermittlung mit Drittstaaten beim Auslandsnachrichtendienst BND. Die Ermächtigungsgrundlage ist in § 13 BNDG zu finden. Darin ist geregelt, dass der BND im Rahmen der Ausland-Ausland-Fernmeldeaufklärung (vgl. § 6 BNDG) auch personenbezogene Daten mit ausländischen öffentlichen Stellen, die nachrichtendienstliche Aufgaben wahrnehmen, erhebt (§ 14 BNDG) und austauscht (§ 15 BNDG).

Eine Kooperation wird gemäß § 13 Absatz 2 BNDG zulässig, wenn die Daten erforderlich sind, um frühzeitig Gefahren für die innere oder äußere Sicherheit der Bundesrepublik Deutschland erkennen und diesen begegnen zu können (§ 6 Absatz 1 Nummer 1 BNDG) oder die Handlungsfähigkeit der Bundesrepublik Deutschland zu wahren (§ 6 Absatz 1 Nummer 2 BNDG) oder sonstige Erkenntnisse von außen- und sicherheitspolitischer Bedeutung (§ 6 Absatz 1 Nummer 3 BNDG). Die Kooperation und eine damit verbundene Datenübermittlung in Drittstaaten ist allerdings nur möglich, wenn die Aufgabenerfüllung durch den BND ohne eine solche Kooperation wesentlich erschwert oder unmöglich wäre (§ 13 Absatz 2 Nummer 2 BNDG). Die Einzelheiten der Kooperation sind vor ihrem Beginn zwischen dem BND und der ausländischen öffentlichen Stelle in einer Absichtserklärung niederzulegen, in der die

Kooperationsziele, Kooperationsinhalte und die voraussichtliche Kooperationsdauer enthalten sind (§ 13 Absatz 3 Nummer 1 – 3 BNDG). Ferner müssen Absprachen vorliegen, dass die im Rahmen der Kooperation erhobenen Daten nur zu dem Zweck verwendet werden dürfen, zu dem sie erhoben wurden sowie dass die grundlegenden rechtsstaatlichen Prinzipien eingehalten werden müssen und nach der sich die ausländische öffentliche Stelle bereit erklärt, auf Ersuchen des BND Auskunft über die vorgenommene Verwendung zu erteilen (§ 13 Absatz 3 Nummer 4 – 5 BNDG). Ferner ist eine Zusicherung der ausländischen öffentlichen Stelle in die Absichtserklärung aufzunehmen, indem sich die ausländische öffentliche Stelle zu einer Löschung der personenbezogenen Daten bereit erklärt, sollte der BND dies fordern (§ 13 Absatz 3 Nummer 6). Die Kooperationsziele dienen der Gewinnung von Informationen zur Erkennung und Begegnung von Gefahren durch den internationalen Terrorismus, der illegalen Verbreitung von Massenvernichtungs- und Kriegswaffen, zur Unterstützung der Bundeswehr, zu krisenhaften Entwicklungen im Ausland, über die Gefährdungs- und Sicherheitslage von deutschen Staatsangehörigen, zu politischen, wirtschaftlichen oder militärischen Vorgängen im Ausland, die von außen- oder sicherheitspolitischer Bedeutung sind oder in vergleichbaren Fällen (§ 13 Absatz 4 BNDG). Die Absichtserklärung bedarf der Zustimmung des Bundeskanzleramtes, wenn die Kooperation mit ausländischen öffentlichen Stellen von Mitgliedstaaten der Europäischen Union, des Europäischen Wirtschaftsraumes oder des Nordatlantikvertrages erfolgt; im Übrigen (also bei der Übermittlung in Drittstaaten) bedarf sie der Zustimmung der Chefin oder des Chefs des Bundeskanzleramtes. Das Parlamentarische Kontrollgremium ist über die Absichtserklärung zu unterrichten (§ 13 Absatz 5 BNDG).

Hier muss also betont werden, dass rechtsstaatliche Prinzipien bei der (Weiter-)verarbeitung von Daten strikt zu wahren sind. Eben dies ist indes zum Beispiel bei Drohnenangriffen durch die Vereinigten Staaten von Amerika regelmäßig nicht der Fall, da gezielte Tötungen ohne eine rechtsstaatliche Verhandlung und entsprechendes Gerichtsurteil durchgeführt werden. Gemäß § 13 Absatz 3 Nummer 4 BNDG dürften vom BND an amerikanische Nachrichtendienste[12] weitergegebene Daten also nicht für Drohnenangriffe und vergleichbare paramilitärische Aktionen verwendet werden. Im Geheimdienst-

---

[12] Insgesamt besitzen die Vereinigten Staaten von Amerika 17 Nachrichtendienste (sogenannte United States Intelligence Community).

Untersuchungsausschuss wurde indes durch den früheren NSA[13]-Mitarbeiter Drake verlautet, dass der BND Daten trotzdem auch für Drohnenangriffe geliefert habe.[14] Möglich sei dies laut Drake in dem „kryptologischer Sand" in die Augen der Menschen gestreut werde.[15] Eine Verifikation steht jedoch aus, denn der BND bestreitet diese Ausführungen und führt aus, dass zwar Telefonnummern verdächtiger Personen weitergegeben würden, die hierbei verwendeten GSM-Mobilfunkdaten seien „für eine konkrete Zielerfassung zu ungenau".[16] Seit „etwa [...] 2003/2004"[17] gibt der BND Mobilfunknummern an ausländische Partnerdienste weiter. Das Parlamentarische Kontrollgremium (PKGr)[18] hat sich mit dieser Praxis mehrfach befasst und auch das Bundesministerium des Inneren hat die Übermittlungspraxis im November 2010 bestätigt. Der BND stellte ferner explizit klar, dass auf der Grundlage ihrer gelieferten Daten keine Rechtsstaatsverletzung stattfinden darf (dazu zählt zum Beispiel auch die Gefahr der Folter oder der Todesstrafe). Eine Übermittlung unterbleibt also, wenn die schutzwürdigen Interessen der Betroffenen dem Allgemeininteresse überwiegen.[19] Eine Auflistung der Kooperationsstaaten ist als Verschlusssache (VS) qualifiziert und kann somit nicht eingesehen werden. Offen muss auch die Frage bleiben, wie die Rechtsstaatlichkeit im Empfängerland sichergestellt werden kann. Gemäß § 13 Absatz 3 Nummer 5 BNDG muss die ausländische öffentliche Stelle Auskunft über die vorgenommene Verwendung der Daten des BND erteilen. Fraglich ist indes, wie dies sichergestellt werden kann. Verlässliche „Zwangsmittel" zur Erteilung wahrheitsgemäßer Auskünfte seitens der ausländischen Partner sind nicht ersichtlich. Die Frage, wie und ob eine etwaige Überprüfung des § 13 Absatz 3 Nummer 5 BNDG stattfindet, muss gleichwohl offenbleiben, denn Nachrichtendienste agieren bei ihrer operativen Arbeit grundsätzlichen abseits der Öffentlichkeit, um ihre Aufgaben zielgerecht erfüllen zu können.

---

[13] Die National Security Agency (NSA) ist der größte Auslandsnachrichtendienst der USA und für die weltweite Überwachung, Entschlüsselung und Auswertung elektronischer Kommunikation zuständig.
[14] http://www.spiegel.de/politik/deutschland/ex-nsa-mitarbeiter-drake-bnd-unterstuetzte-drohnenkrieg-der-usa-a-979130.html
[15] Ebd.
[16] http://www.deutschlandradio.de/weitergabe-von-handydaten-bnd-bestreitet-hilfe-fuer.331.de.html?dram:article_id=257404
[17] Ebd.
[18] Das PKGr ist ein Organ des deutschen Bundestages, bei dem die Legislative die Arbeit der Exekutive überwacht. Dadurch findet eine rechtsstaatliche Kontrolle der deutschen Nachrichtendienste statt.
[19] http://www.deutschlandradio.de/weitergabe-von-handydaten-bnd-bestreitet-hilfe-fuer.331.de.html?dram:article_id=257404

2.2. Verfassungsschutzverbund

Der Verfassungsschutzverbund besteht in Deutschland aus dem Bundesamt für Verfassungsschutz (BfV) sowie 16 Landesverfassungsschutzbehörden (LfV). Dem BfV obliegt gemäß § 5 Absatz 5 BVerfSchG der Datenverkehr mit den zuständigen öffentlichen Stellen anderer Staaten. Die Landesbehörden für Verfassungsschutz können solchen Dienstverkehr mit den Dienststellen der in der Bundesrepublik Deutschland stationierten Streitkräfte[20], mit Nachrichtendiensten angrenzender Nachbarstaaten in regionalen Angelegenheiten oder im Einvernehmen im BfV führen. Aufgrund der relativ geringen Auslandskontakte der LfV soll im Folgenden auf die Bundesbehörde als Bezugsobjekt abgestellt werden. So kann das BfV gemeinsame Dateien mit ausländischen öffentlichen Stellen, die mit nachrichtendienstlichen Aufgaben betraut sind, einrichten. Ziel hierbei ist die Erforschung von Bestrebungen oder Tätigkeiten, die sich auf bestimmte Ereignisse oder Personenkreise beziehen (§ 22b Absatz 1 BVerfSchG). Voraussetzungen für die Zusammenarbeit sind, dass ein erhebliches Sicherheitsinteresse für die Bundesrepublik Deutschland und den jeweils teilnehmenden Staat vorliegt, in den teilnehmenden Staaten die Einhaltung grundlegender rechtsstaatlicher Prinzipien gewährleistet ist, die Festlegungen und Zusagen der fremden Nachrichtendienste verlässlich sind und das Bundesministerium des Inneren der Zusammenarbeit zugestimmt hat (§ 22b Absatz 1 Nummer 1 – 4 BVerfSchG). Gemäß § 22b Absatz 2 BVerfSchG können Staaten, die nicht Nachbarstaaten der Bundesrepublik Deutschland noch Mitgliedstaaten der Europäischen Union oder des Nordatlantikvertrages (also Drittstaaten) sind, nur an gemeinsamen Dateien teilnehmen, wenn besondere Sicherheitsinteressen (Begehung schwerwiegender Straftaten[21] gegen den Bestand oder die Sicherheit eines Staates oder einer internationalen Organisation) dies erfordern. Hierbei lässt sich also eine schärfere Regelung als beim Bundesnachrichtendienst erkennen, der auch Staaten des Europäischen Wirtschaftsraums (EWR) in den Anwendungsbereich miteinschließt. Hierbei kann indes nicht ausgeschlossen werden, dass es sich um eine planwidrige Regelungslücke handelt und durch Auslegung auch die Staaten des EWR in den Anwendungsbereich fallen. Die Teilnahme an gemeinsamen Dateien eines drittstaatlichen Nachrichtendienstes bedarf der Zustimmung des Bundesministers

---

[20] Im Jahr 2016 waren insgesamt noch 40.763 ausländische Streitkräfte aus den USA, Großbritannien, Frankreich, Niederlande, Belgien und Kanada in Deutschland stationiert.
[21] Schwerwiegende Straftaten sind die in § 3 Absatz 1 des Artikel 10-Gesetzes genannten Straftaten.

des Inneren. Ziel der gemeinsamen Datei ist die Feststellung, ob zu Personen, Objekten oder Ereignissen bei einem beteiligten Nachrichtendienst Informationen vorhanden sind. Die entsprechende Datei kann solche personenbezogenen Daten erhalten, die notwendig sind, um die Information aufzufinden und die zur notwendigen Identifizierung von Personen notwendig ist (§ 22b Absatz 3 BVerfSchG). Zur Wahrung besonderer Sicherheitsinteressen kann die Datei auch dem Austausch und der gemeinsamen Auswertung von Informationen und Erkenntnissen dienen (§ 22b Absatz 4 BVerfSchG). Die Ziele der Zusammenarbeit und Einzelheiten zur Datenverwendung sind vor Beginn der Zusammenarbeit zur Gewährleistung eines angemessenen Datenschutzniveaus und mit dem Ausschluss der unangemessenen Verwendung schriftlich festzulegen (§ 22b Absatz 5 BVerfSchG). Ähnlich wie beim BND ist auch beim BfV die Voraussetzung für die Datenübermittlung die Zusage, dass die Daten ohne Zustimmung des eingebenden Nachrichtendienstes nicht für einen anderen Zweck als den vereinbarten verwendet oder an Dritte weitergegeben werden dürfen (§ 22b Absatz 5 Nummer 4 lit. a). Ferner bedarf es der Zusage, dass eine Auskunft des ausländischen Nachrichtendienstes über die Verwendung der Daten zu erfolgen hat (§ 22b Absatz 5 Nummer 4 lit. b). Hierbei lässt sich also eine Parallelität mit dem BNDG erkennen. Das BfV ist gemäß § 22b Absatz 7 BVerfSchG verpflichtet, die technischen und organisatorischen Maßnahmen nach § 9 BDSG sicherzustellen. § 24 BDSG gilt nur für die vom BfV eingegebenen Daten sowie dessen Abrufe. Das BfV erteilt dem Betroffenen gemäß § 15 BVerfSchG nur zu den vom BfV eingegebenen Daten Auskunft. Gemäß § 22b Absatz 1 bis 4 und 6 BVerfSchG darf das BfV auch an gemeinsamen Dateien, die von ausländischen Nachrichtendiensten errichtet sind, teilnehmen. Voraussetzung ist, dass die vom BfV eingegeben Daten ohne dessen Zustimmung nicht an Dritte übermittelt werden und nur zu dem Zweck verwendet werden, zu dem sie in die Datei eingegeben wurden und das BfV auf dessen Ersuchen Auskunft über die vorgenommene Verwendung der Daten erhält. Gemäß § 23 BVerfSchG unterbleibt eine Übermittlung an ausländische Nachrichtendienste, wenn für die übermittelnde Stelle erkennbar ist, dass unter Berücksichtigung der Art der Informationen und ihrer Erhebung die schutzwürdigen Interessen des Betroffenen das Allgemeininteresse überwiegen (§ 23 Nummer 1 BVerfSchG), wenn überwiegende Sicherheitsinteressen dies erfordern (§ 23 Nummer 2 BVerfSchG) oder wenn besondere gesetzliche Übermittlungsregelungen entgegenstehen; die

Verpflichtung zur Wahrung gesetzlicher Geheimhaltungspflichten oder von Berufs- oder besonderen Amtsgeheimnissen, die nicht auf gesetzlichen Vorschriften beruhen, bleibt unberührt (§ 23 Nummer 3 BVerfSchG). Ferner dürfen Informationen einschließlich personenbezogener Daten über das Verhalten Minderjähriger vor Vollendung des 16. Lebensjahres grundsätzlich nicht an ausländische und zwischen- und überstaatliche Stellen übermittelt werden. Jedoch dürfen über das Verhalten Minderjähriger, die das 14. Lebensjahr vollendet haben, Daten übermittelt werden, wenn nach den Umständen des Einzelfalls nicht ausgeschlossen werden kann, dass die Übermittlung zur Abwehr einer erheblichen Gefahr für Leib oder Leben erforderlich ist oder tatsächliche Anhaltspunkte dafür vorliegen, dass die Übermittlung zur Verfolgung einer schwerwiegenden Straftat im Sinne des § 3 Absatz 1 des Artikel 10-Gesetzes erforderlich ist (§ 24 Absatz 2 BVerfSchG). Die empfangende Stelle hat zu prüfen, ob die übermittelten personenbezogenen Daten für die Erfüllung seiner Aufgaben erforderlich sind; ist dies nicht der Fall, so sind die Unterlagen zu vernichten. Die Vernichtung kann unterbleiben, wenn die Trennung von anderen Informationen, die zur Erfüllung der Aufgaben erforderlich sind, nicht oder nur mit unvertretbaren Aufwand möglich ist; in diesem Fall sind die Daten zu sperren (§ 25 BVerfSchG). Gemäß § 26 BVerfSchG herrscht eine Nachberichtspflicht für den Fall, dass personenbezogene Daten sich nach ihrer Übermittlung als unvollständig oder unrichtig herausstellen, wenn dies für den Sachverhalt von Bedeutung ist.

2.3 Bundesamt für den militärischen Abschirmdienst

Ein Blick in das Gesetz über den militärischen Abschirmdienst (MADG) überrascht zunächst, da es mit 14 §§ einen deutlich geringeren Umfang hat als die Gesetz der anderen Nachrichtendienste des Bundes. Vielfach wird auf das BVerfSchG verwiesen (§§ 3, 4, 4a, 4b, 5, 6, 8, 9, 10, 11, 12 MADG), allerdings wird nicht auf die Vorschriften zur Errichtung gemeinsamer Dateien mit fremden Nachrichtendiensten des BVerfSchG oder des BNDG Bezug genommen. Auch „eigene" Vorschriften zur Errichtung gemeinsamer Dateien sind nicht vorzufinden. Dies führt zur Erkenntnis, dass es für den MAD nicht vorgesehen ist, gemeinsame Dateien mit ausländischen Partnern zu errichten und es für eine Übertragung personenbezogener Daten keine Rechtsgrundlage gibt. Dies vermag durchaus zu überraschen, da es nicht auszuschließen ist, dass potenziell extremistische Soldaten auch bei ausländischen Nachrichtendiensten bekannt sind. Abhilfe kann durch eine Kooperation mit einem anderen Nachrichtendiensten des Bundes geschaffen werden. Datenübermittlungen personenbezogener Daten an und von inländischen Stellen sind demnach möglich (§ 11 MADG i.V.m. § 18 BVerfSchG).

2.4 Lex specialis: Artikel 10-Gesetz und Sicherheitsüberprüfungsgesetz

Neben den allgemeinen Rechtsgrundlagen der Nachrichtendienste finden sich spezialgesetzliche Regelungen im Artikel 10-Gesetz (G-10 Gesetz)[22] sowie im Sicherheitsüberprüfungsgesetz (SÜG)[23].

2.4.1 G-10 Gesetz

Gemäß § 7a G10-Gesetz darf der BND durch Beschränkungen des Brief- Post und Fernmeldegeheimnisse erhobene Daten an ausländische Nachrichtendienste übermitteln. Die Voraussetzungen für die Zulässigkeit der Übermittlung von personenbezogenen Daten sind gemäß § 7a Absatz 1 i.V.m. § 5 Absatz 1 G10-Gesetz Informationen über Sachverhalte, deren Kenntnis notwendig ist, um die Gefahr der Begehung internationaler terroristischer Anschläge mit unmittelbarem Bezug zur Bundesrepublik Deutschlands (§ 5 Absatz 1 Nummer 2 G10-Gesetz) oder der internationalen Verbreitung von Kriegswaffen im Sinne des Gesetzes über die Kontrolle von Kriegswaffen sowie des unerlaubten Außenwirtschaftsverkehrs mit Waren, Datenverarbeitungsprogrammen und Technologien in Fällen von erheblicher Bedeutung (§ 5 Absatz 1 Nummer 3 G10-Gesetz) oder des gewerbs- oder bandenmäßig organisierten Einschleusens von ausländischen Personen in das Gebiet der Europäischen Union in Fällen von erheblicher Bedeutung mit Bezug zur Bundesrepublik Deutschland (§ 5 Absatz 1 Nummer 7 G10-Gesetz) oder in Fällen des internationalen kriminellen, terroristischen oder staatlichen Angriffs mittels Schadprogrammen auf die Vertraulichkeit, Integrität oder Verfügbarkeit von IT-Systemen in Fällen von erheblicher Bedeutung mit Bezug zur Bundesrepublik Deutschland (§ 5 Absatz 1 Nummer 8 G10-Gesetz). Erstaunlich ist, dass Sachverhalte, deren Kenntnis notwendig ist, um die Gefahr eines bewaffneten Angriffs auf die Bundesrepublik Deutschland (§ 5 Absatz 1 Nummer 1 G10-Gesetz), der unbefugten gewerbs- oder bandenmäßig organisierten Verbringung von Betäubungsmitteln in das Gebiet der

---

[22] Das Artikel 10-Gesetz berechtigt den BND, das BfV und den MAD, die Telekommunikation von Bürgern aufzuzeichnen und auszuwerten. Mit „Artikel 10" ist der entsprechende Artikel des Grundgesetzes gemeint, der das Recht auf das Brief-, Post- und Fernmeldegeheimnis verfassungsrechtlich schützt.
[23] Das SÜG regelt die Voraussetzungen und Verfahren zur Sicherheitsüberprüfung von Personen, die mit sicherheitsempfindlichen Tätigkeiten betraut werden sollen. Dies ist notwendig, wenn eine Person an einer sicherheitsempfindlichen Stelle beschäftigt ist oder Zugang zu Verschlusssachen der Klassifizierung VS-Vertraulich, GEHEIM oder STRENG GEHEIM hat oder sich verschaffen könnte.

Europäischen Union (§ 5 Absatz 1 Nummer 4 G10-Gesetz), der Beeinträchtigung der Geldwertstabilität im Euro-Währungsraum durch im Ausland begangene Geldfälschungen (§ 5 Absatz 1 Nummer 5 G10-Gesetz) und der international organisierten Geldwäsche (§ 5 Absatz 1 Nummer 6 G10-Gesetz) nicht vom Anwendungsbereich umfasst sind. Eine Übermittlung ist nur statthaft, soweit die Übermittlung zur Wahrung außen- oder sicherheitspolitischer Belange der Bundesrepublik oder erheblicher Sicherheitsinteressen des ausländischen Staates erforderlich ist (§ 7a Absatz 1 Nummer 1 G10-Gesetz), überwiegende schutzwürdige Interessen des Betroffenen nicht entgegenstehen, insbesondere auch in dem ausländischen Staat ein angemessenes Datenschutzniveau gewährleistet ist, sowie davon auszugehen ist, dass die Verwendung der Daten durch den Empfänger in Einklang mit grundlegenden rechtsstaatlichen Prinzipien erfolgt (§ 7a Absatz 1 Nummer 2 G10-Gesetz) und das Prinzip der Gegenseitigkeit gewahrt ist (§ 7a Absatz 1 Nummer 3 G10-Gesetz). Die Übermittlung bedarf der Zustimmung des Bundeskanzleramtes. Ein Bediensteter des BND mit Befähigung zum Richteramt hat über die Übermittlung personenbezogener Daten zu entscheiden. Die Übermittlung muss protokolliert werden. Ferner muss der BND einen Nachweis über den Zweck, die Veranlassung, die Aktenfundstelle und die Empfänger führen. Diese Nachweise müssen gesondert aufbewahrt werden und gegen unberechtigte Zugriffe gesichert werden. Nach dem Ende des Kalenderjahres, das dem Jahr ihrer Erstellung folgt, sind die Nachweise zu vernichten (§ 7a Absatz 3 G10-Gesetz). Der Empfänger der personenbezogenen Daten ist zu verpflichten, die übermittelten Daten nur zu dem Zweck zu verwenden, zu dem sie ihm übermittelt wurden (§ 7a Absatz 4 Nummer 1 G10-Gesetz), eine angebrachte Kennzeichnung beizubehalten (§ 7a Absatz 4 Nummer 2 G10-Gesetz) und dem BND auf Ersuchen Auskunft über die Verwendung zu erteilen (§ 7a Absatz 4 Nummer 2 G10-Gesetz). Die G10-Kommission[24] sowie das Parlamentarische Kontrollgremium ist regelmäßig über die Übermittlung zu unterrichten (§ 7a Absatz 5, 6 G10-Gesetz). Die Übermittlungen sind ausdrücklich nur für den BND gestattet.

---

[24] Für die Überprüfung on Einschränkungen des Brief-, Post- und Fernmeldegeheimnisses ist anstelle der Gerichte ein von der Volksvertretung zu bestellendes Organ zuständig. Dies ist gemäß dem „Ausführungsgesetz Art. 10-Gesetz" die so genannte G10-Kommission.

2.4.2 Sicherheitsüberprüfungsgesetz

Final soll noch kurz auf das Sicherheitsüberprüfungsgesetz (SÜG) eingegangen werden. Um Sicherheitsüberprüfungen durchzuführen, sind bisweilen internationale Kooperationen notwendig. Gemäß § 33 SÜG können ausländische Dienststellen die mitwirkende Behörde[25] um die Mitwirkung bei einer Sicherheitsüberprüfung ersuchen. Eine Mitwirkung unterbleibt, wenn auswärtige Belange der Bundesrepublik Deutschland oder überwiegende schutzwürdige Interessen der betroffenen Person entgegenstehen (§ 33 Absatz 2 SÜG). Die ausländische Dienstelle muss darauf hingewiesen werden, dass die im Rahmen der Sicherheitsüberprüfung übermittelten personenbezogenen Daten nur für Zwecke der Sicherheitsüberprüfung verwendet werden dürfen und mitwirkende Behörde sich vorbehält, um Auskunft über die vorgenommene Verwendung der Daten zu bitten (§ 33 Absatz 3 SÜG).

---

[25] Für Sicherheitsüberprüfungen zuständig ist in erster Linie das BfV. Ausnahmen gibt es für Mitarbeiter des BND, MAD, Angehörigen der Landesverfassungsschutzbehörden sowie für Soldaten und den Präsidenten des BfV.

3. Ergebnis

Im vorgegangenen Kapitel wurden die Rechtsgrundlagen für die Datenübermittlung personenbezogener Daten an ausländische Nachrichtendienste erörtert. Es kann im Ergebnis festgehalten werden, dass Deutschland ein relativ hohes datenschutzrechtliches Schutzniveau auch im Bereich nachrichtendienstlicher Tätigkeit besitzt. So dürfen personenbezogene Daten nur ins Ausland übersendet werden, wenn dies auf Gründen der öffentlichen Sicherheit dringend geboten ist. Allen nachrichtendienstlichen Rechtsnormen folgen dem Grundsatz, dass eine Übertragung von personenbezogenen Daten an ausländische öffentliche Stellen nur statthaft ist, wenn eine Gewähr für die Einhaltung rechtsstaatlicher Prinzipien vorliegt. Ferner darf der Anwendungsbereich der übermittelten Daten nicht weiter gefasst werden als dafür vorgesehen. Auch werden ausländische Staaten dazu verpflichtet, Auskunft über die Verwendung der von der Bundesrepublik Deutschland bereitgestellten Daten zu geben. Problematisch ist indes, dass eine tatsächliche Kontrolle über die Verwendung der Daten wohl nur in unbefriedigendem Maße erfolgen kann. Ob also deutsche Daten auch für die gezielte Tötung von Personen mithilfe von Drohnen oder für andere gegen internationales Recht oder gegen die Menschenrechte verstoßende Tätigkeiten genutzt wurden oder genutzt werden, kann nicht abschließend beantwortet werden. Die Voraussetzungen für eine Übertragung von personenbezogenen Daten an Staaten, die nicht der Europäischen Union, dem Europäischen Wirtschaftsraum oder der NATO angehören (Drittstaaten) sind etwas höher. So hat stets der Leiter eines Ministeriums (Bundesministeriums des Inneren oder Bundeskanzleramt) der Übertragung zuzustimmen. Auch müssen regelmäßig erhebliche Schutz- und Sicherheitsinteressen vorliegen, damit die Datenübertragung in Drittstaaten rechtmäßig ist. Ansonsten wird im Wesentlichen kein nennenswerter Unterschied im legislativen Bereich zwischen den Staaten gemacht. Vielmehr sind die Hürden sowohl für die Datenübertragung in EU- sowie NATO-Staaten als auch für die Datenübertragung in Drittstaaten stets hoch. Für die Praxis ist davon auszugehen, dass Staaten mit fraglichen rechtsstaatlichen Standards im Zweifel keine personenbezogenen Daten erhalten. Bei der Weitergabe von personenbezogenen Daten, insbesondere in Länder mit fraglichen rechtstaatlichen Standards, ist daher auch stets eine Interessenabwägung vorzunehmen; übersteigt das Individualinteresse des

Betroffenen das Allgemeininteresse an der Weitergabe von Informationen, findet diese nicht statt.

Literaturverzeichnis

Bundesamt für Verfassungsschutz: Die Nutzung des Internets durch Personen des salafistisch-„jihadistischen" Spektrums

http://www.deutschlandradio.de/weitergabe-von-handydaten-bnd-bestreitet-hilfe-fuer.331.de.html?dram:article_id=257404

http://www.spiegel.de/politik/deutschland/ex-nsa-mitarbeiter-drake-bnd-unterstuetzte-drohnenkrieg-der-usa-a-979130.html

https://www.nzz.ch/schweiz/g-20-gipfel-in-hamburg-schweizer-randalieren-in-der-hoelle-ld.1305184

https://www.verfassungsschutz.de/de/aktuelles/schlaglicht/schlaglicht-2017-04-deutsche-rechtsextremisten-organisieren-musikveranstaltungen

Marsiske, Hans-Arthur; Cole, Chris et al.: Töten per Fernbedienung: Kampfdrohnen im weltweiten Schattenkrieg

Ostrovsky, Victor: *By Way of Deception-The making and unmaking of a Mossad Officer*

Thomas, Gordon; Maxwell Robert: Israel's Superspy. The Life and Murder of a Media Mogul

Weiner, Tim: CIA. Die ganze Geschichte